Pablo Bernasconi vive en Bariloche, Argentina, adonde disfruta de la naturaleza, en especial de los animales silvestres, a los que le encanta observar y pintar.

Escribió e ilustró cinco libros infantiles, que fueron traducidos a ocho idiomas: *El Brujo, el Horrible y el libro rojo de los hechizos, El Diario del Capitán Arsenio, Hipo no nada, El Zoo de Joaquín y Black Skin, white cow.* Además ilustró más de diez libros de autores de diferentes nacionalidades.

Obtuvo prestigiosos premios en América y Europa. Actualmente trabaja desde Bariloche para Alemania, EE.UU., Inglaterra, Australia, España, Costa Rica y Japón.

Tesoros de lectura

Lectura/Artes del lenguaje

4000075599

Autores

Elva Durán

Jana Echevarria

David J. Francis

Irma M. Olmedo

Gilberto D. Soto

Josefina V. Tinajero

Macmillan/McGraw-Hill

Contributors

Time Magazine, Accelerated Reader

learning through listening

Students with print disabilities may be eligible to obtain an accessible, audio version of the pupil edition of this textbook. Please call Recording for the Blind & Dyslexic at 1-800-221-4792 for complete information.

A

The McGraw·Hill Companies

 Macmillan/McGraw-Hill

Published by Macmillan/McGraw-Hill, of McGraw-Hill Education, a division of The McGraw-Hill Companies, Inc., Two Penn Plaza, New York, New York 10121.

Printed in the United States of America

ISBN: 978-0-02-199120-4/1, Bk. 5

MHID: 0-02-199120-0/1, Bk. 5

1 2 3 4 5 6 7 8 9 (083/043) 12 11 10 09 08

Lectura/Artes del lenguaje

Bienvenidos a
Tesoros de lectura

Imagina cómo sería ser un astronauta y viajar por el espacio, o aprender sobre las familias de diferentes animales, o leer sobre un loro que pierde su voz. Tu **libro del estudiante** contiene éstas y otras selecciones premiadas de ficción y no ficción.

Mc Graw Hill **Macmillan/McGraw-Hill**

La gran pregunta

¿Qué ves en la naturaleza?

Busca más información sobre la naturaleza en **www.macmillanmh.com**.

La gran pregunta

¿Qué ves en la naturaleza?

El mundo de la naturaleza está en todo lo que nos rodea. Está en lo alto del cielo, en los árboles, e incluso debajo de la tierra. Las plantas, los animales, el cielo, el agua y un sol brillante son todos parte de la naturaleza.

Hay muchas cosas que estudiar en la naturaleza. Puedes estudiar el cielo de noche. Puedes aprender sobre el tiempo y qué hace que un día sea soleado o lluvioso. Puedes estudiar animales y por qué hacen las cosas que hacen. Aprender sobre la naturaleza puede ayudarnos a comprender el mundo que nos rodea. También nos muestra cómo cuidar mejor nuestro mundo, e incluso, cosas sobre nosotros mismos.

Actividades de investigación

¿Hay alguna planta o animal del cual te gustaría aprender? Escoge una planta o animal que te parezca interesante. Investiga todo lo que puedas sobre la planta o el animal. Anota lo que aprendas. Comparte tu informe con la clase.

Anota lo que aprendes

Mientras lees, anota lo que aprendas sobre el mundo de la naturaleza. Usa el boletín en acordeón. Puedes incluir el tiempo, las estaciones, los animales, las plantas, la Tierra, y el cielo. Escribe lo que aprendas de cada uno.

MODELOS DE PAPEL®
Ayudas de estudio

El tiempo | Las estaciones | Las animales | Las plantas | El cielo | La Tierra

Taller de investigación

Haz la investigación de la Unidad 5 con:

Guía de investigación
Sigue esta guía paso a paso para completar tu proyecto de investigación.

Recursos en Internet
- Buscador por temas y otras herramientas de investigación
- Videos y excursiones virtuales
- Fotos y dibujos para presentaciones
- Artículos y recursos relacionados en Internet

Busca más información en **www.macmillanmh.com**.

Gente y lugares

Mario Molina
Científico mexicano
En 1995, recibió el Premio Nobel de Química. Ha sido miembro del Consejo de Asesores Presidenciales sobre Ciencia y Tecnología, (PCAST, por sus siglas en inglés), de Estados Unidos.

A platicar

¿Por qué
reciclamos?

Busca más información
sobre reciclar en
www.macmillanmh.com.

Reciclar

Mis palabras

pueda, puede

Tierra

limpio

---

reciclar

papel

Lee para descubrir

¿Por qué es importante reciclar?

papel

botellas

¡A reciclar!

En mi familia nos encantan todas las formas de **reciclar.** Cuando reciclamos hacemos que algo usado se **pueda** volver a utilizar.

Se **puede** reciclar de todo, como plástico y **papel**. ¡Es fantástico reciclar porque así ayudamos a la **Tierra**!

No es broma: Reciclar es urgente, por un mundo más sano y **limpio**, por un mundo mejor.

Comprensión

Género
Un relato informativo contiene hechos sobre un tema.

Hacer preguntas
Causa y efecto
Mientras lees, usa este **diagrama de Causa y efecto**.

Causa → Efecto

Lee para descubrir
¿Qué le pasa a la Tierra cuando no reciclas?

¡Reciclemos!

Mara Mahía

ilustraciones de Janet Montecalvo

Me llamo Bruna García y vivo en Brooklyn, en la ciudad de Nueva York.

Me gusta vivir aquí. Hay muchos árboles y parques donde jugar. También hay una biblioteca donde me gusta ir a leer.

Ir a la biblioteca es fantástico. A mí me encantan los libros de aventuras.

Un día estaba en la biblioteca haciendo un dibujo. Pero no me salía bien. Así que rompí la hoja y la tiré en una papelera.

Entonces un niño me dio la hoja de **papel** que había tirado y me dijo que esa no era la papelera de **reciclar**.

Así conocí a Marcos, mi mejor amigo. Marcos también vive en Brooklyn, y desde pequeño aprendió a reciclar.

Cuando su papá toma un refresco, tira la botella en un bote para reciclar botellas.

Cuando su mamá termina de leer el periódico, lo tira en el bote para reciclar papel.

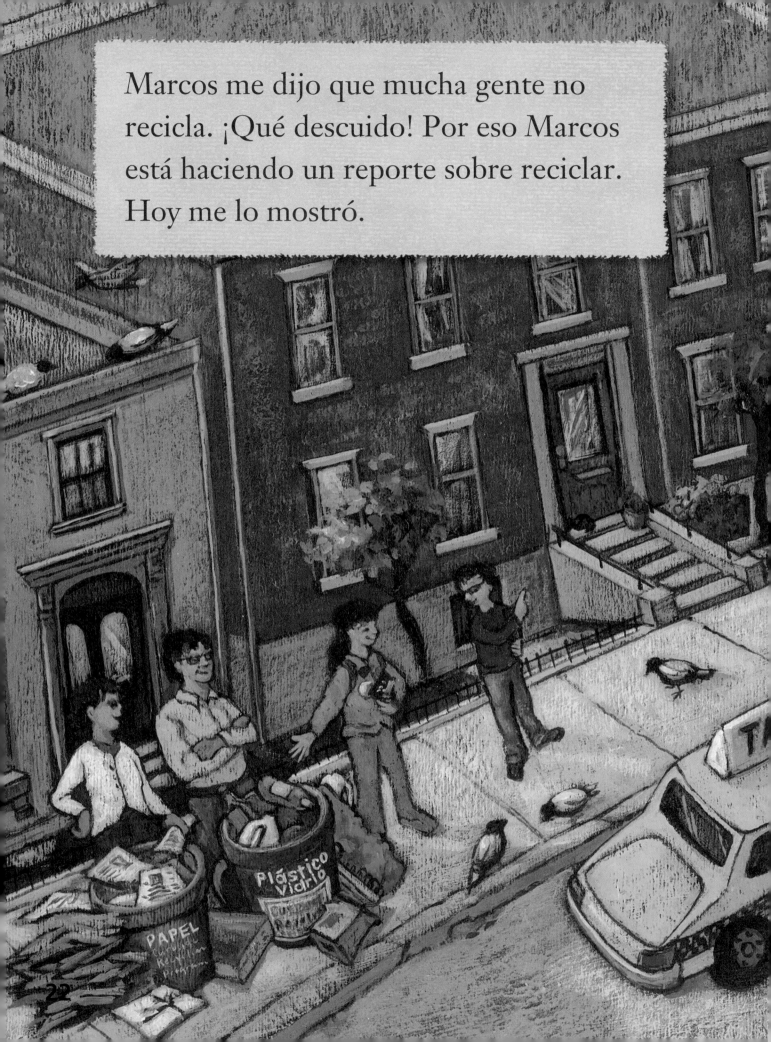

Marcos me dijo que mucha gente no recicla. ¡Qué descuido! Por eso Marcos está haciendo un reporte sobre reciclar. Hoy me lo mostró.

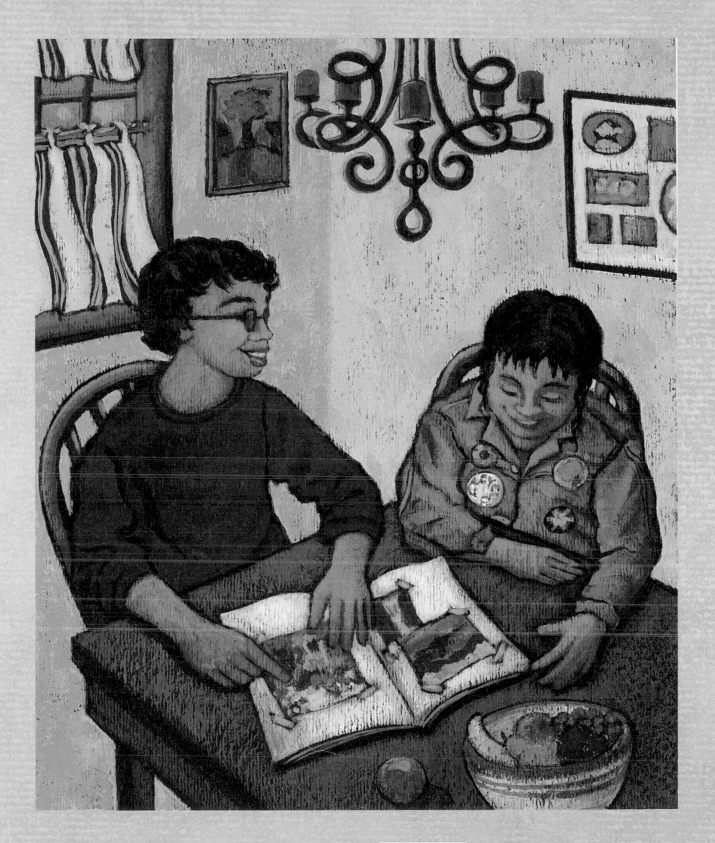

Cuando no reciclas, la **Tierra** sufre. Eso
me dijo Marcos. Pensé que era imposible:
"la Tierra no **puede** sufrir", me dije.

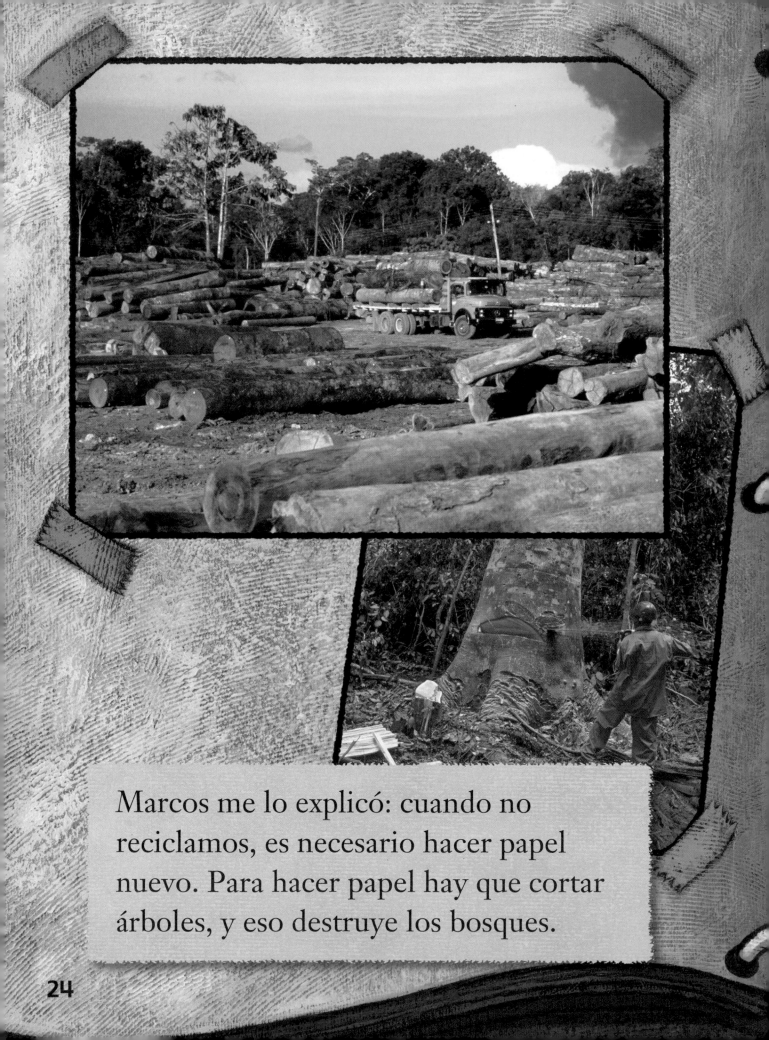

Marcos me lo explicó: cuando no reciclamos, es necesario hacer papel nuevo. Para hacer papel hay que cortar árboles, y eso destruye los bosques.

Los bosques ayudan a mantener **limpio** el aire y nos ayudan a respirar. Allí también viven muchos animales. Imagínate lo que les pasará si no tienen donde vivir.

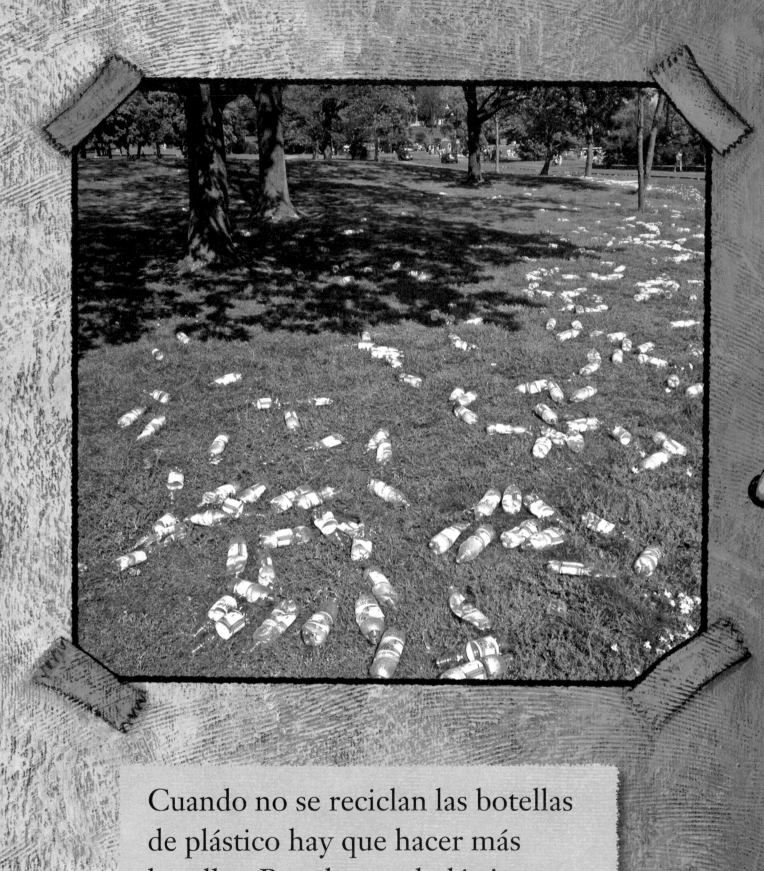

Cuando no se reciclan las botellas de plástico hay que hacer más botellas. Para hacer el plástico se necesita petróleo.

El petróleo se encuentra debajo de la tierra. Para que se **pueda** formar más petróleo hacen falta millones de años. Cada vez hay menos y menos petróleo.

Después de que Marcos me explicó esto, me di cuenta de que si reciclamos, gastamos menos y cortamos menos árboles.

Cuando reciclamos, la Tierra está contenta.

Comenzamos una campaña en la escuela. Pusimos unos botes en el patio. Uno para reciclar botellas y otro para reciclar papel.

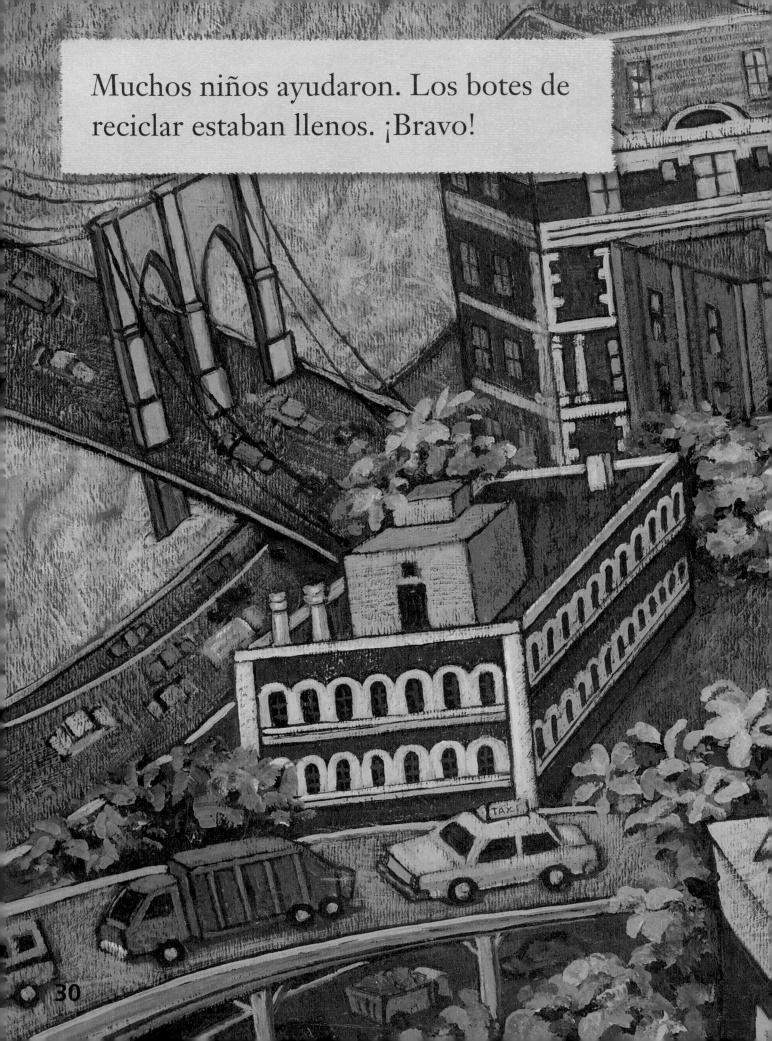

Muchos niños ayudaron. Los botes de reciclar estaban llenos. ¡Bravo!

Yo aprendí a reciclar. Ahora te toca a ti.

Recuerda que reciclar es URGENTE.

Pensando en el planeta

Mara Mahía dice: "Cuando era pequeña no sabía que se podía reciclar. Ahora todos tenemos la oportunidad de ayudar a la Tierra. Por eso me gustó escribir este cuento, ¡porque me gusta reciclar!".

Janet Montecalvo nació en Boston, Massachusetts. A ella siempre le ha gustado dibujar y pintar. Además de ilustrar, Janet enseña arte a niños.

 Busca más información sobre Mara Mahía y Janet Montecalvo en **www.macmillanmh.com**

 Propósito de la autora

Mara nos muestra la importancia de cuidar la Tierra. Dibuja algunas de las cosas que se pueden reciclar. Escribe el nombre de cada una.

✅ Pensamiento crítico

Volver a contar

Usa las tarjetas para
volver a contar el cuento.

Tarjetas
Cuéntalo otra vez

Pensar y comparar

1. ¿Qué hace que Bruna decida empezar a reciclar?

2. ¿Participas, como Marcos y Bruna, en el programa de reciclaje de tu escuela o del lugar donde vives? ¿Por qué?

3. ¿De qué otras maneras puedes ayudar a salvar la Tierra?

4. ¿En qué se parecen Bruna y Marcos a la familia de "¡A reciclar!"?

El viaje de una botella

Acabas de beber agua. Ahora tiras la botella en un recipiente azul para **reciclaje**. ¿Qué va a pasarle a esa botella?

Nosotros reciclamos

Un camión recogerá la botella. La llevará con otras muchas botellas a un centro de reciclaje.

Al llegar allí, las botellas caen por una gran rampa.

Luego, unas personas **separan** las latas, las botellas y el papel.

Plano de un centro de reciclaje

periódicos

cartón y papel

Cafetería

Centro de separado

latas

vidrio transparente

vidrio verde

Oficina

plástico

**Observa este plano de un centro de reciclaje.
¿Qué cosas puedes ver que se reciclan allí?**

Tu botella está hecha de **plástico**. La llevarán a una fábrica. Allí las botellas se cortan en pedacitos muy pequeños.

Después los pedacitos de plástico se derriten hasta que están blandos. El plástico blando se puede usar para hacer muchas cosas nuevas.

Las reglas verdes de la foto se hicieron con plástico reciclado. Con el plástico reciclado también se puede hacer hilo. Este hilo sirve para hacer calcetines y suéteres y para relleno de bolsas de dormir.

Todas las cosas que tiene esta niña se hicieron con plástico reciclado. Quizá una de esas cosas se hizo con tu botella.

⭐ **Pensamiento crítico**

¿Qué cosas de las que reciclan los niños del cuento *¡Reciclemos!* podrían llevarse a un centro de reciclaje como el de "El viaje de una botella"?

Escritura

El adjetivo

Un **adjetivo** es una palabra que describe o dice cómo es una persona, un lugar o una cosa.

Escribe un aviso publicitario

Carlos escribió un aviso publicitario sobre el reciclaje.

¿Tienes vidrio o papel usado?
¿Y plástico o latas viejas?
En la escuela hay botes azules
y verdes para reciclaje.
¡Úsalos! Salva nuestra
hermosa Tierra.

Tu turno

Reciclamos muchas cosas. Piensa por qué es importante reciclar. Escribe un aviso publicitario para informar a otros sobre el reciclaje.

Control de escritura

☑ ¿La primera oración de mi aviso llama la atención de los lectores?

☑ ¿Usé adjetivos para ayudarme a describir algo?

☑ ¿Terminé cada oración con un signo de puntuación?

¿Qué hacen los científicos?

A platicar

¿Qué es un científico?
¿Qué tipo de preguntas hace un científico?

Conéctate Busca más información sobre científicos en **www.macmillanmh.com**

43

Mis palabras

observar

idea

detrás

___

curioso

respuesta

Lee para descubrir

¿Qué hace que la semilla se vea más grande?

Sé curioso

¿Eres **curioso**? ¿Te gusta **observar** cosas pequeñitas? Entonces, esta **idea** es para ti. Llena un frasco con agua, y pon en tu mano alguna cosa pequeña, como una semilla.

Pon la mano **detrás** del frasco, pero no muy lejos. ¿Parece ahora más grande la cosa pequeñita? ¡Seguro que ya sabes la **respuesta**!

Repite con otras cosas pequeñitas. ¿También se verán más grandes?

Comprensión

Género
Una biografía es la historia de la vida de una persona.

Resumir
Hacer inferencias

Mientras lees, usa esta **tabla de inferencias**.

Lo que leí	Lo que sé

↓

Inferencia

Lee para descubrir

¿Por qué es Ben Franklin un gran personaje estadounidense?

Éste es
Ben Franklin

Philip Dray

ilustraciones de John Kanzler

Autor premiado

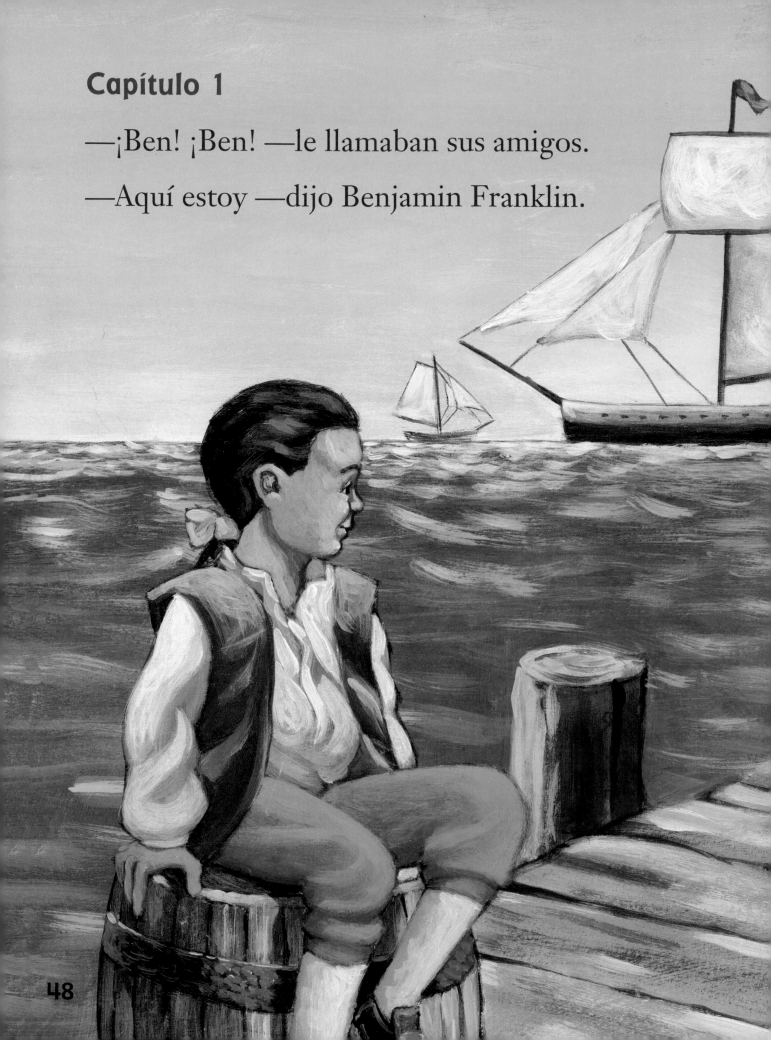

Capítulo 1

—¡Ben! ¡Ben! —le llamaban sus amigos.

—Aquí estoy —dijo Benjamin Franklin.

Ben estaba sentado en el muelle.
Miraba los grandes barcos. Le
gustaba **observar** cómo el viento
hinchaba las velas por **detrás**.

49

Ben Franklin vivió hace mucho tiempo.
A Ben le gustaban muchas cosas.
Le gustaba leer. Era muy bueno
contando chistes y jugando.

Ben era un niño **curioso**. También era inteligente. Le gustaba imaginar cosas. También le gustaba hacer cosas.

Un día, Ben hizo un papalote rojo.

—Este papalote será como las velas de los grandes barcos —dijo Ben.

Poco después, Ben y sus amigos fueron
a nadar. Ben llevó su papalote.

—¿Qué vas a hacer con eso? —le
preguntaron sus amigos.

—Ahora verán —dijo Ben.

Ben comenzó a correr. El viento levantó el papalote. Ben saltó al agua y empezó a ir muy rápidamente. El papalote lo estaba jalando.

—¡Miren qué rápido va! —decían sus amigos.

—¿Cómo se le ocurrió eso a Ben? —se preguntaban.

Capítulo 2

Pasó el tiempo. Ben creció. Todavía le gustaba imaginar cosas. Y también hacer cosas.

Ben hizo un nuevo tipo de estufa. Era una estufa pequeña, pero daba mucho calor.

Ben hizo un nuevo tipo de lentes. Con ellos la gente podía ver lejos.

—¿Cómo se le ocurrió eso a Ben? —se preguntaba la gente.

En la época en que Ben vivió, la gente no conocía bien la electricidad.

El curioso Ben quería saber más sobre la electricidad. Sabía que la electricidad produce chispas. A veces Ben veía las chispas al meter una llave en la cerradura.

Un día de lluvia, Ben vio la luz de un rayo. El rayo era como una chispa grande. Ben quería saber si el rayo era electricidad.

Capítulo 3

—¿Cómo puedo saber si el rayo es electricidad? —Ben necesitaba una **respuesta**. —Yo no puedo llegar hasta las nubes.

Ben tuvo una **idea**. Un papalote le había ayudado una vez. Ahora también podría ayudarle.

—Yo no puedo llegar hasta las nubes, pero un papalote sí puede —dijo Ben.

Ben esperó hasta el siguiente día
de lluvia. Entonces salió de su casa.
Llevaba un papalote y una llave de
hierro. Ben hizo volar el papalote.

Hubo un rayo. Ben notó que la cuerda del papalote se movía con fuerza. Entonces vio que saltaban chispas de la llave.

—¡Esto demuestra que el rayo es electricidad! —dijo Ben.

Ben tuvo una idea. Sabía que un rayo podía hacer arder una casa. Ben puso una barra de hierro en el tejado de su casa.

—Los rayos caerán sobre la barra de hierro, pero no sobre mi casa. Así mi casa estará protegida —dijo Ben.

Los amigos de Ben también pusieron barras de hierro en el tejado de sus casas. Hoy en día todavía se usan estas barras, llamadas pararrayos, para proteger las casas.

A Ben le gustaba que su pararrayos fuera útil a la gente. Durante su vida, Ben Franklin hizo muchas cosas para ayudar a la gente. Todavía tenía más cosas que imaginar y más cosas que hacer.

Conoce a Philip Dray

Philip Dray dice:
"Escribo libros sobre personajes de Estados Unidos que se atreven a hacer cosas para mejorar nuestro país. Quería contar la historia de Ben Franklin y su papalote porque Ben tuvo el valor de intentar algo que nadie antes había intentado hacer".

Busca más información sobre Philip Dray en **www.macmillanmh.com**

✔ Propósito del autor

Philip Dray quería escribir una historia real sobre Ben Franklin y sus ideas novedosas. Escribe sobre uno de sus inventos. Di cómo mejoró la vida o la hizo más fácil.

✹ Pensamiento crítico

Volver a contar

Usa las tarjetas para
volver a contar el cuento.

Tarjetas
Cuéntalo otra vez

Pensar y comparar

Lo que leí	Lo que sé

Inferencia

1. ¿Qué clase de amigo crees que sería Ben Franklin? ¿Por qué?

2. ¿Qué cosas de tu casa usan electricidad?

3. ¿Por qué crees que Ben Franklin es un estadounidense famoso y respetado?

4. ¿Qué aprendiste a hacer en "Sé curioso"? ¿En qué se parece lo que hiciste a lo que hizo Ben Franklin?

Ciencias

Género
En un texto de no ficción se da información sobre un tema.

Elementos del texto
La letra resaltada destaca palabras importantes.

Palabras clave
cientíﬁcos
microscopio
fotografía

Busca más información sobre científicos en **www.macmillanmh.com**

¿Cómo los **científicos** ven de cerca las cosas pequeñas? Las miran con un **microscopio**. Así las cosas pequeñas parecen grandes.

Mira la **fotografía** que está en el círculo. La foto se hizo con un microscopio. En ella se muestra algo que ves todos los días. ¿Sabes lo que es?

Es **sal**. Así puedes ver la forma de cada grano de sal.

Estos son **cabellos**.
En tu cabeza hay casi
100,000 cabellos.
Cada cabello tiene una
envoltura dura.

Esta es una hoja de **hierba.**
Los bordes afilados
mantienen alejados a los animalitos.

¿Qué otra cosa te gustaría ver de cerca?
¿Qué aspecto crees que tendría?

Pensamiento crítico

¿Qué podría haber hecho el joven Ben Franklin
con un microscopio?

Escritura

Hay **concordancia entre sustantivo y adjetivo** cuando los dos están en singular o en plural, y en masculino o en femenino.

Kevin escribió sobre uno de los inventos de Ben Franklin.

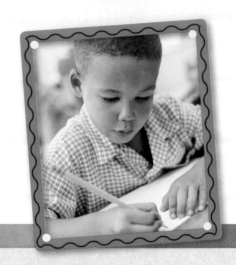

Ben inventó el pararrayos. Vio cómo un rayo incendiaba una casa grande. Puso una larga barra de hierro en el techo de su casa. El rayo cayó en la barra y no en la casa. Fue uno de sus grandes inventos.

Tu turno

Investiga sobre uno
de los inventos de Ben Franklin.

Piensa para qué sirve
el invento.

Escribe un informe sobre
la importancia del invento.

Control de escritura

☑ ¿Escribí sobre lo que era el invento
y por qué era importante?

☑ ¿Hay **concordancia entre sustantivos
y adjetivos**?

☑ ¿Usé oraciones largas y oraciones
cortas?

¿Qué tipos de tiempo conoces? ¿Cuál es tu tipo de tiempo favorito?

Busca más información sobre el tiempo en **www.macmillanmh.com**

¿Qué tiempo hace?

Mis palabras

cálido

sonido

mantenerse

estupendo

---

intenso

predecir

Días cálidos y días fríos

¿Cómo está el día en esta foto? Es un día **cálido** y húmedo. El **sonido** de la lluvia es **intenso**. Los niños juegan en sus casas.

Esta lluvia es muy fuerte. Pero parece que terminará. ¿Puedes **predecir** cómo será el día después?

Este día es frío. Pero estos niños saben
cómo **mantenerse** abrigados. Los niños
corren, saltan y se divierten. ¿No crees
que es un día **estupendo** para jugar?

Tiempo tormentoso

Comprensión

Género
Un texto de no ficción nos informa sobre un tema.

Volver a leer
Comparar y contrastar
Busca semejanzas y diferencias entre los distintos tipos de tormentas.

¿Cuántos tipos de tormentas conoces?

Hay muchos tipos de tormentas.
¿Cómo son las tormentas donde tú vives?

Algunos días, el cielo está gris. Eso puede indicar que se acerca una tormenta.

Un cielo gris puede indicar tormentas de lluvia. Es posible que veas el destello de un rayo. Después se oye un **sonido** fuerte. Es un trueno. ¡Hay que irse a casa!

Un rayo puede hacer arder un árbol.

Las tormentas de rayos a veces traen vientos fuertes. Este viento puede romper las ramas de los árboles. Pueden caer del cielo bolas de hielo. Esto se llama granizar. Puede granizar cuando el tiempo es **cálido** o cuando es frío.

El granizo casi siempre es pequeño. A veces, puede ser más grande que una pelota de tenis.

A veces, hay tormentas cuando hace mucho frío. Puede nevar tanto que es muy difícil ver. Vientos fuertes forman grandes montones de nieve. Esto se llama una ventisca.

Un tornado puede destruir edificios. ▶

Algunas tormentas traen un viento muy **intenso**. Un tornado está formado por vientos muy rápidos que giran. El viento puede levantar del suelo camiones y casas.

Los científicos pueden **predecir** cuándo habrá un tornado. Así las personas pueden **mantenerse** a salvo.

Mira afuera el día de hoy. ¿Parece
que se acerca una tormenta? ¿O es
un día **estupendo** para jugar afuera?

Pensamiento crítico

Decir lo que aprendiste
¿Qué aprendiste sobre las tormentas?

Pensar y comparar

1. ¿En qué se parecen y en qué se diferencian una tormenta de rayos y una ventisca?

2. Describe una tormenta que hayas visto. ¿En qué se parece a las tormentas sobre las que has leído?

3. ¿Qué harías si te quedas atrapado en una ventisca, una tormenta de rayos o una tormenta de granizo?

4. ¿En qué se parecen las tormentas de "Tiempo tormentoso" a las de "Días cálidos y días fríos"?

Muestra lo que sabes

El autor y yo
Piensa en lo que dice el autor.
Piensa en lo que sabes.

Tormentas peligrosas

Algunas tormentas, como las de rayos, pueden ser peligrosas. Un rayo se ve como un fuerte destello en el cielo. Los rayos son peligrosos.

No estás a salvo de los rayos cuando estás afuera. Tampoco estás a salvo debajo de un árbol.

¿Dónde estás a salvo de los rayos? Estás a salvo dentro de un edificio. Lo mejor es entrar rápidamente en un edificio.

Sigue ▶

Instrucciones: Contesta las preguntas.

1 ¿En qué fotografía se muestra un rayo?

A   B   C

2 ¿Por qué son peligrosas las tormentas de rayos?

A   La lluvia te mojará.

B   El sonido del trueno es muy fuerte.

C   Los rayos son peligrosos.

3 ¿Dónde estás a salvo de los rayos?

A   en un salón de clases

B   en un río

C   en un parque

Consejo

Piensa en lo que sabes.

Escribe sobre el tiempo

Luis hizo un plan. Luego, escribió un informe sobre un tornado.

LOS TORNADOS

Un tornado es un tipo de tormenta muy fuerte. Parece una nube que gira. La parte de arriba del tornado está en el cielo. La parte de abajo toca la tierra. Los tornados son peligrosos.

�خ Tu turno

Todo el mundo ha visto algún tipo de tormenta. Piensa en una tormenta que hayas visto o sobre la que sepas algo. Escribe un informe sobre esa tormenta.

Control de escritura

☑ Ponle un título a tu informe.

☑ Describe cómo se ve y cómo suena la tormenta. Di lo que hizo la tormenta.

☑ Revisa tu informe para corregir errores.

En el cielo

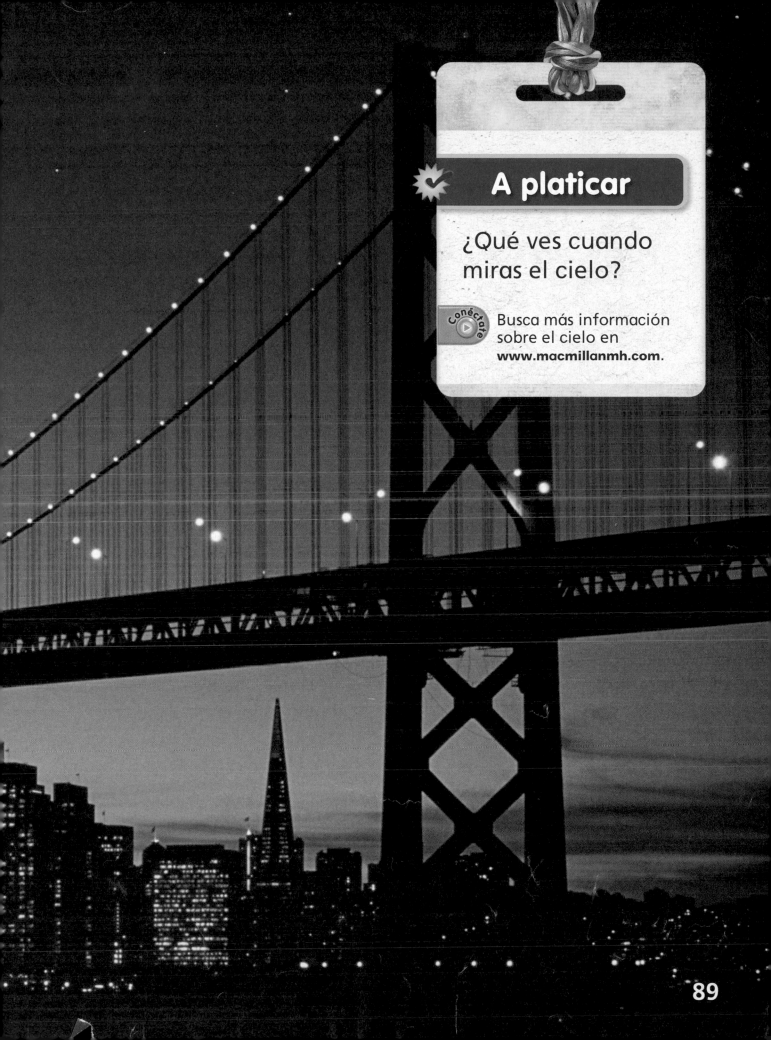

A platicar

¿Qué ves cuando miras el cielo?

Conéctate Busca más información sobre el cielo en **www.macmillanmh.com**.

Mis palabras

universo

estrella

enorme

Sol

Luna

Lee para descubrir
¿Qué escribió María
en su cuaderno?

En el planetario

ilustraciones de
Héctor Borlasca

María visitó el planetario con su clase. La maestra pidió a los niños que tomaran notas.

Esto es lo que María escribió en su cuaderno:

El universo es todo lo que existe.

El Sol es una estrella enorme. Nos da luz y calor.

La Luna es un satélite que gira alrededor de la Tierra.

Comprensión

Género

Una fantasía es una historia que no puede suceder en la realidad.

Visualizar

Orden de los sucesos

Mientras lees, usa este **diagrama de orden de los sucesos.**

Primero

↓

Después

↓

Al final

Lee para descubrir

¿Por qué la niña quiere ser astronauta?

Yo, Astronauta

texto e ilustraciones de María Espluga

Yo quiero ser astronauta
como mi príncipe azul.

Atravieso las nubes donde
duerme el Gigante Narizotas.

Vuelo como un pájaro
y veo el mundo al revés.

Soy enorme como el Universo
y pequeña como una estrella.

Me zampo un pastel de espinacas,
un pastel de cerezas
y un pastel de chocolate
¡de un solo bocado!

Meriendo con mis padrinos del cielo.

**Cuento un cuento al Sol
y él sueña con luciérnagas.**

Me lanzo a toda velocidad sobre
la cola del cometa...

Y le regalo una flor a la Luna.

Dibujo mi viaje a través del cielo
antes de volver a casa.

Y llego justo a tiempo...

¡para compartir con mis amigos
una vista magnífica!

Te invito a soñar

María Espluga nos dice: "Nací en el barrio de Horta de Barcelona. Desde pequeña dibujaba por todas partes y siempre carreteaba libros arriba y abajo, y todavía tengo la suerte de continuar haciendo lo mismo. He ilustrado cuentos, libros de texto, colaboro en revistas y he hecho figurines, máscaras y muñecos para obras de teatro."

Otros libros de María Espluga

Busca más información sobre María Espluga en **www.macmillanmh.com**

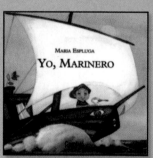

Propósito de la autora

María Espluga escribió sobre el viaje imaginario de una pequeña astronauta. Si pudieras ser algo distinto, ¿qué te gustaría ser? Escribe lo que harías.

Pensamiento crítico

Volver a contar

Usa las tarjetas para
volver a contar el cuento.

Tarjetas *Cuéntalo otra vez*

Pensar y comparar

1. ¿Qué es lo primero que hace
   la niña del cuento? ¿Qué hace
   después y al final?

Primero
↓
Después
↓
Al final

2. ¿Has imaginado una aventura
   como la de la niña del cuento?
   ¿Qué personaje eras y qué hacías?

3. ¿Crees que es posible lo que hace la niña
   del cuento? ¿Qué hacen los astronautas
   en la vida real?

4. ¿Qué cosas ve la niña de *Yo,
   Astronauta* en su viaje que
   también aparecen en lo que
   escribe María, la niña de "En el
   planetario"?

Poesía

Género
En un **poema** hay palabras que suenan bien juntas.

Elementos literarios
Juego de palabras
Los poetas usan las palabras de manera divertida. Esto se llama **juego de palabras**.

Busca más información sobre el cielo en **www.macmillanmh.com**

118

Pío pío

En la rama
de un pino,
un pichón
en su nido
pía que pía,
y con su pitido
despierta
a Don Pío.

✔ Pensamiento crítico

¿Con qué palabras de *Yo, Astronauta*
podrías hacer un juego de palabras?

Sinónimos y antónimos

Los sinónimos son palabras que quieren decir lo mismo. Los antónimos son palabras que expresan lo opuesto.

Escribe sobre el cielo

Julia escribió sobre el cielo.

Yo creo que el cielo de noche es lindo, hermoso. El cielo oscuro está lleno de pequeñitos, diminutos puntos dorados. Son las estrellas. Y aunque el cielo de día es claro, también es bello.

Tu turno

Piensa en el cielo, ya sea de día o de noche.

¿Cómo se ve?

¿En qué te hace pensar?

Escribe sobre el cielo.

Control de escritura

☑ ¿Escribí sobre cómo se ve el cielo?

☑ ¿Escribí sobre lo que el cielo me hace sentir o pensar?

☑ ¿Usé sinónimos y antónimos en mi escrito?

A platicar

¿Cómo cambian los animales a medida que crecen?

 Busca más información sobre el mundo de los animales en **www.macmillanmh.com**

El mundo de los animales

fueron

nueve

frente

---

asustar

compraron

Lee para descubrir

¿Qué comen los osos panda cuando ya no son bebés?

Tai Shan
15 meses de edad

Frente a los osos

Nico y Ámbar **fueron** con su clase al zoológico. En ese zoológico nació una cría de oso panda el **nueve** de julio de 2005.

El pequeño oso panda se llama Tai Shan. Cuando Tai Shan nació era pequeñito y de color rosado. Se alimentaba de leche.

Panda recién nacido

Ahora, su pelo es de color blanco y negro, y come hojas de bambú.

Cuando los niños se detuvieron **frente** a los osos panda, Ámbar comenzó a gritar:

—¡Tai Shan! ¡Tai Shan!

—Cuidado, lo vas a **asustar** —dijo Nico.

Por fin vieron a Tai Shan, estaba trepando a uno de los árboles. Cuando ya salían, Nico y Ámbar **compraron** una camiseta con la foto de Tai Shan.

Tai Shan a los 4 meses de edad

Comprensión

Género
Una ficción realista es una historia que puede suceder en la realidad.

Resumir
Comparar y contrastar
Mientras lees, usa esta **tabla para comparar y contrastar.**

Cómo es Perro	Cómo es Gato
1	1
2	2
3	3

Lee para descubrir
¿Qué hace que Perro y Gato se hagan amigos?

Perro y Gato

Autor/ ilustrador premiado

Ricardo Alcántara
ilustraciones de Gusti

Carlos y Ana eran hermanos gemelos. Aquel día cumplían **nueve** años y sus padres decidieron hacerles un regalo. A la niña le **compraron** un perro, y al niño, un gato.

Al ver los animales, Carlos y Ana gritaron
entusiasmados: —¡Son preciosos!

Pero… al quedar **frente** a frente, los animales
se miraron con malos ojos.

"¡Aaah, es un perro!", pensó el gato.

"¡Aaah, es un gato!", pensó el perro.

Sin más, cada uno decidió para sus adentros:
"Jamás seré amigo de ese bicharraco".

No hicieron el mínimo esfuerzo por caerse simpáticos. Todo lo contrario.

El gato trataba de **asustar** al perro enseñando sus uñas. El perro le gruñía poniendo cara de malo.

135

En cuanto los amos se distraían, el gato
le asestaba al perro un zarpazo en la cola.

Y el perro, al descubrir que el gato detestaba
el agua, no perdía ocasión de mojarlo.

El gato se vengó escondiéndole la comida a su adversario. Pero el perro le devolvió el golpe tomándose su tazón de leche.

Durante todo el día, no dejaron de molestarse mutuamente.

Hasta que cayó la noche.

Entonces, Carlos, Ana y sus padres apagaron
las luces y se **fueron** a la cama.

El perro y el gato quedaron solos en medio
de la oscuridad.

Era la primera noche que pasaban lejos de su madre, y eso les hacía sentirse muy solos.

Tal era el susto, que temblaban de la punta de las orejas a la punta de la cola. Sin atreverse a dar un paso, miraron a su alrededor con ojos de miedo.

En medio de la oscuridad, cada uno vio brillar
los ojos del otro.

147

Sin pensárselo dos veces, se acercaron corriendo. Y acabaron, juntos y abrazados, debajo del sofá. Estando tan unidos, no les asustaba la oscuridad.

Una solución feliz

A **Ricardo Alcántara** le encanta escribir cuentos. Él inventa historias fantásticas cuando algo de la realidad no le gusta. Por eso hace cuentos, para encontrar soluciones que lo hagan sentir feliz.

Gusti nació en Argentina. Desde hace muchos años se dedica por completo a ilustrar libros para niños. Gusti ha ganado muchos premios por sus ilustraciones.

Otros libros de Ricardo Alcántara

 Busca más información sobre Ricardo Alcántara y Gusti en **www.macmillanmh.com**

✔ Propósito del autor

El autor escribió sobre un gatito y un perrito que se ayudan para no tener miedo. Escribe sobre algo que te ayudó a no tener miedo.

Pensamiento crítico

Tarjetas
Cuéntalo otra vez

Volver a contar

Usa las tarjetas para
volver a contar el cuento.

Pensar y comparar

Cómo es Perro	Cómo es Gato
1	1
2	2
3	3

1. ¿En qué se parecen y en qué se diferencian Perro y Gato?

2. ¿Qué cosas aprendiste de Perro y Gato?

3. ¿Qué llevó a Perro y Gato a hacerse amigos?

4. ¿Crees que Tai Shan de "Frente a los osos", tiene miedo de estar solo? ¿Por qué?

PERROS
guías

La mayoría de los perros son sólo mascotas, pero algunos perros tienen trabajos. Ellos ayudan a las personas que no pueden ver.

Género
Un texto de no ficción da información sobre un tema.

✔ **Elementos del texto**
Una lista es una serie de cosas escritas en orden.

Palabras clave
guías
arnés
órdenes

Conéctate
Busca más información sobre perros guías en **www.macmillanmh.com.**

Rasgos de un perro guía

1. **Es inteligente.**
2. **Le gusta la gente.**
3. **Tiene el tamaño correcto.**
4. **Es amable.**
5. **Está en buena forma.**

Los perros **guías** también se llaman perros lazarillos. Estos perros guían o conducen a los invidentes. Los perros pueden ayudarlos a llegar a cualquier lugar que ellos quieran.

¿Cómo aprenden los perros guías su trabajo? Su entrenamiento empieza cuando apenas tienen seis semanas. Se van a vivir con un criador de perros que los cuida por un año.

Si un cachorro muestra que puede aprender rápido, lo llevan a una escuela especial. ¡Es allí donde comienza el verdadero entrenamiento!

En la escuela, los perros aprenden muchas cosas. Se acostumbran a usar un **arnés**. Aprenden a conducir a las personas en las aceras, a cruzar la calle y a viajar en autobús. Cuando terminan la escuela, los perros pueden seguir 20 **órdenes**.

arnés

Luego, el perro conoce a su nuevo dueño. Ambos deben aprender cómo trabajar el uno con el otro. Los dos se entrenan juntos en la escuela por cuatro semanas. Entonces, llega el momento de irse a casa. ¡Ahora, son un equipo!

✔ Pensamiento crítico

¿Qué clase de perro guía crees que sería el cachorro del cuento *Perro y Gato*?

Las interjecciones

Una **interjección** expresa un estado de ánimo o una emoción. Se escriben entre signos de exclamación.

César escribió sobre la importancia de los veterinarios.

¡Hola! Te voy a decir por qué los veterinarios son importantes. Ellos ayudan a las mascotas enfermas, y a las que no lo están. Las examinan y las atienden. ¡Hey! No te olvides de llevar a tu mascota al veterinario.

Tu turno

¿De qué manera los veterinarios ayudan a las mascotas?

¿Por qué es importante llevar las mascotas al veterinario?

Escribe sobre lo que hacen los veterinarios y por qué son importantes.

Control de escritura

☑ ¿Escribí sobre lo que hacen los veterinarios?

☑ ¿Dije por qué es importante llevar una mascota al veterinario?

☑ ¿Usé las **interjecciones** correctamente?

Lo que aprendió Saltamontes

Saltamontes tocó música todo el día.
–Hormiga, ¿quieres tocar conmigo?
–preguntó.

–No tengo tiempo para eso –dijo
Hormiga–. Debo hallar comida para
el invierno, y hacer mi casa.

–Pero, no hace frío todavía –dijo
Saltamontes. Él continuó tocando,
mientras Hormiga trabajaba duro.

Un día, hubo una tormenta de nieve. La nieve se arremolinó, y el viento rugió.

Hormiga tenía comida en abundancia, y una casa cómoda. Saltamontes no tenía nada que comer. Tenía frío.

Hormiga le dio un poco de maíz. –Espero que hayas aprendido la lección –dijo Hormiga.

Saltamontes suspiró. –Gracias Hormiga –dijo–. Aprendí que debes planificar por adelantado.

¿Qué dice la tabla del tiempo?

El tiempo es el estado del cielo y del aire. Puede ser **cálido** o **frío**. ¿Puedes ver **lluvia**, **nieve** o **nubes**? ¿Puedes sentir el **viento**?

La clase hizo una tabla del tiempo. Las fotos muestran cómo estaba el tiempo cada día.

sol   **lluvia**   **nubes**

nieve   **viento**

Usa las fotos para leer la tabla del tiempo.

1　¿Qué tiempo hacía el lunes?

2　¿Cuándo llovió?

3　¿En qué días crees que la clase jugó afuera?

4　¿Qué día era bueno para volar papalotes?

Lunes	Martes	Miércoles	Jueves	Viernes
4	5	6	7	8

✪ Pensamiento crítico

Ahora, responde a las preguntas. Usa el texto de "Lo que aprendió Saltamontes" como base para tus respuestas.

1 **¿Qué hace saltamontes PRIMERO?**

A cocina

B toca música

C construye una casa

2 **¿Cuál de las siguientes es una palabra compuesta?**

A invierno

B saltamontes

C cómodo

3 **¿Qué pasa después de que llega el frío?**

A A Saltamontes le da hambre.

B Saltamontes se va de viaje.

C Saltamontes sigue tocando música.

4 **¿Qué crees que aprendió Saltamontes?**
¿Cómo lo aprendió? Escribe sobre eso.

Ahora, responde a las preguntas. Usa el texto de "¿Qué dice la tabla del tiempo?" como base para tus respuestas.

1 ¿En qué se PARECEN el martes y el jueves?

    A Los dos fueron días de tormenta.

    B Los dos fueron días soleados.

    C Los dos fueron días de lluvia.

2 ¿Cómo sabes que en la tabla hay un día ventoso?

    A El Sol brilla.

    B Hay nubes.

    C Los árboles se mecen.

3 ¿Qué palabras tienen letras resaltadas?

    A Las palabras que nombran los días.

    B Las palabras que nombran el tiempo.

    C Las palabras que nombran animales.

A escribir

SUGERENCIA ¿En qué se PARECEN un día de lluvia y un día de nieve? ¿En qué se DIFERENCIAN? Escribe tanto como puedas y lo mejor que puedas.

Glosario

¿Qué es un glosario?

Un glosario te ayuda a conocer el significado de las palabras. Las palabras están listadas en orden alfabético. Puedes buscar una palabra y leer una oración con esa palabra. A veces, también hay una ilustración.

microscopio

Luna

Ejemplo de entrada

Letra

Ff

Entrada

fotografías

Oración

Me gusta tomar **fotografías** de pájaros.

científicos

Aa

asustar

Me puse una máscara para **asustar** a mi hermano.

Cc

cálido

Durante el verano el clima es **cálido**.

científicos

Los **científicos** trabajan en un laboratorio.

compraron

Mis padres me **compraron** un libro de aventuras.

curioso

Luis hace muchas preguntas porque es **curioso**.

Dd

detrás

Carlos se esconde **detrás** del árbol.

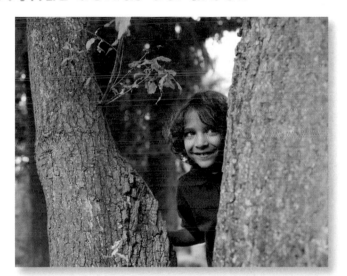

Ee

enorme

El elefante es un animal **enorme**.

167

estrella

Esta **estrella** es muy grande.

estupendo

Pasé un día **estupendo** jugando con mis amigos.

Ff

fotografías

Me gusta tomar **fotografías** de pájaros.

frente

Los jugadores de ajedrez se sientan uno **frente** a otro.

fueron

Los niños **fueron** a la playa con sus abuelos.

Ii

idea

La excursión fue **idea** de Tomás.

intenso

Hoy el frío es **intenso**.

Ll

limpio

Nosotros bañamos al perro para dejarlo **limpio**.

Luna

La **Luna** llena brilla en el cielo de noche.

Mm

mantenerse

Lola hace ejercicio para **mantenerse** sana y fuerte.

microscopio

El **microscopio** ayuda a ver las cosas de cerca.

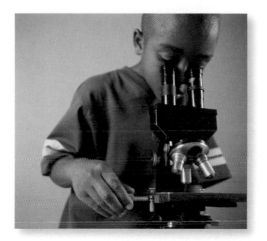

Nn

nueve

Mi hermana cumplió **nueve** años.

Oo

observar

Voy a **observar** un esqueleto de dinosaurio.

Pp

papel

En mi escuela reciclamos el **papel** usado.

plástico

Esta lonchera está hecha de **plástico**.

predecir

Él va a **predecir** el tiempo que hará mañana.

pueda

Si no termino la tarea, no creo que **pueda** ir a jugar.

puede

Este tren **puede** ir muy rápido.

Rr

reciclaje

Éste es un recipiente para **reciclaje**.

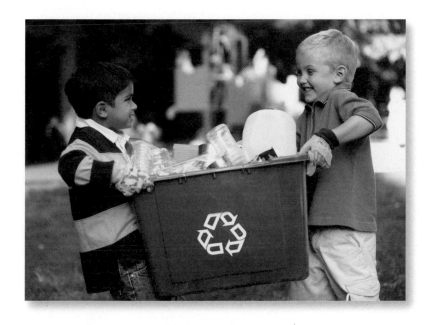

reciclar

Al **reciclar** papel evitamos que se corten árboles.

respuesta

José sabe la **respuesta** a la pregunta de la maestra.

Ss

separan

Al reciclar, **separan** el vidrio del papel.

Sol

El **Sol** nos da luz y calor.

sonido

Nos gusta mucho el **sonido** de la lluvia al caer.

Tt

Tierra

En la **Tierra** hay muchos mares y océanos.

Uu

universo

El **universo** no tiene fin.

Acknowledgments

The publisher gratefully acknowledges permission to reprint the following copyrighted material:

YO, ASTRONAUTA by María Espluga. Copyright © 2005 by María Espluga. Reprinted with permission of Combel Editorial, Barcelona, Spain.

PERRO Y GATO by Ricardo Alcántara. Copyright © 1998 by La Galera. Reprinted with permission of La Galera.

Book Cover, YO, MARINERO (YO QUIERO SER) by María Espluga. Copyright © 2006 by Combel Editorial. Reprinted with permission of Combel Editorial, Barcelona, Spain.

Book Cover, YO, BAILARINA (YO QUIERO SER) by María Espluga. Copyright © 2006 by Combel Editorial. Reprinted with permission of Combel Editorial, Barcelona, Spain.

Book Cover, TOMÁS Y LA GOMA MÁGICA by Ricardo Alcántara. Copyright © 2004 by Grupo Editorial Luis Vives. Reprinted with permission of Editorial Edelvives.

Book Cover, TOMÁS Y EL LÁPIZ MÁGICO by Ricardo Alcántara. Copyright © 2004 by Grupo Editorial Luis Vives. Reprinted with permission of Editorial Edelvives.

ILLUSTRATIONS
Cover: Pablo Bernasconi.

12-13: Rosario Valderrama. 14-31: Janet Montecalvo. 34-39: Jessica Wolk Stanley. 46-63: John Kanzler. 90-91: Hector Borlasca. 92-115: Maria Espluga. 118-119: Manuel Uhia Lima. 126-149: Gusti. 158-163: Melissa Sweet.

PHOTOGRAPHY
All Photographs are by Macmillan/McGraw-Hill (MMH) except as noted below:

6-7: (bkgd) Ann Cutting/Jupiter Images. 8: (bl) Scott W. Smith/Animals Animals. 9: (br) ©STUART CAHILL/AFP/Getty Images. 10-11: (bkgd) Torsten Blackwood/AFP/Getty Images, Inc. 34: (b) Ken Karp. 35: (br) Javier Larrea/AGE Fotostock. 36: (tr) AP-Wide World Photos. 37: (b) Richard Hutchings/Photo Edit Inc. 38: (r) Richard Hutchings/Photo Edit Inc. 39: (c) Ken Karp. 66: (b) MMH. 67: (cl) Andrew Syred/Science Photo Library/Photo Researchers, Inc.; (cr) Davies & Starr/The Image Bank/Getty Images, Inc. 68: (tl) VVG/Science Photo Library/Photo Researchers, Inc.; (b) Stephen Marks/The Image Bank/Getty Images, Inc. 69: (l) Dennis Kunkel/Phototake; (r) David Sacks/Taxi/Getty Images, Inc. 70: (cr) Banastock/Imagestate. 88-89: (bkgd) JohnKelly/Getty Images. 120: (cr) image 100/PunchStock. 152: (b) Digital Vision/Getty Images; (bkgd) (bottom, background) Westend61/Alamy. 153: (tl) Paul Doyle/Alamy. 154: (bl) Richard Sobol/Animals Animals; (br) Phanie / Photo Researchers, Inc.; (bkgd) (bottom, background) Westend61/Alamy. 156: (c) tbkmedia.de / Alamy; (tr) Michael Newman/Photo Edit Inc. 157: (tr) Arthur Tilley/Getty Images. 164: (br) ©JUPITERIMAGES/ Comstock Images / Alamy; (cl) Ryan McVay/Getty Images, Inc. 165: (bc) David Joel/Stone/Getty Images, Inc.; (c) Masterfile Royalty Free. 166: (tc) ©Peter Casolino / Alamy; (bc) David Joel/Stone/Getty Images, Inc. 167: (tc) ©Zefa RF / Alamy; (bc) Jack Hollingsworth/Getty Images, Inc. 168: (tc) ©PHOTOTAKE Inc. / Alamy; (bc) Masterfile Royalty Free. 169: (tc) Jeff Zaruba/CORBIS; (bc) ©Gabe Palmer/Jupiter Images. 170: (tc) Michael Keller/CORBIS. 171: (tc) Ryan McVay/Getty Images, Inc.; (bc) Layne Kennedy/CORBIS. 172: (bc) Stockbyte/Picture Quest; (bc) ©JUPITERIMAGES/ Brand X / Alamy. 173: (tc) Michael Dunning/Photographer's Choice/Getty Images, Inc.; (bc) ©Blend Images / Alamy. 174: (bc) Doug Menuez/Getty Images. 175: (tc) Timothy Shonnard/Stone/Getty Images, Inc.; (bc) StockTrek/Getty Images, Inc..